EL SILENCIO DE LAS HORAS
THE SILENCE OF THE HOURS

El Silencio de las Horas
The Silence of the Hours

Amanda Reverón
translated by Don Cellini

MAYAPPLE PRESS 2016

Published by   Mayapple Press
                362 Chestnut Hill Road
                Woodstock, NY 12498
                mayapplepress.com

ISBN 978-1-936419-67-8

Library of Congress Control Number 2016905646

ACKNOWLEDGEMENTS

The Spanish and English originals of poems #25, 37 and 39 first appeared in *The Ofi Press Magazine: International Poetry and Fiction from Mexico City*. Poems #14 and 15 appeared in English and in Spanish in *Circumference Magazine: Poetry in Translation*.

Cover design by Judith Kerman; cover art "Me hiciste recorder a cenicienta" by Ramce Ramce O A. Photo of author by Angélica Colmenáres. Book designed and typeset by Amee Schmidt with titles in Optima and text in Adobe Garamond Pro.

Contents

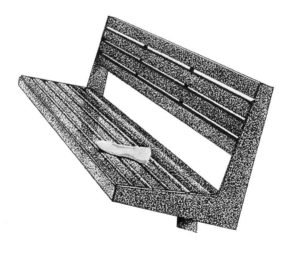

#1

Atrás
he dejado las horas
con sus silencios / con sus olvidos
con la tierra húmeda
aún
en las uñas de mi infancia

#2

he decidido callarme
con un silencio distinto
que se arrime
sin pasado/ ni artilugios
que no se crea
montaña
que sólo sea:
            campanario
o
su sombra
(por las tardes)

#1

I have left
the hours behind
with their silences / with what's forgotten
with the damp earth
still
under the fingernails of my childhood

#2

I have decided to be quiet
with a different silence
that comes closer
without past / or frills
that does not make
a mountain
out of
           a bell tower
or
its shadow
(in the afternoon)

#3

despacio
nombro tejados
uno
    a
       uno
con cierta nostalgia
a solas
       latidos
de resolana / por las tardes
ahora
      lejísimo
          (desde donde te miro)

#4

decir futuro
mientras se palpa
la rugosidad del paisaje

aquí
donde mis pies descalzos
se arrullan
en la calidez de la tierra

donde se teje la memoria
desde la claridad eterna
(desde la infancia)

#3

slowly
I name the roofs
one
    by
      one
with a certain nostalgia
all alone
      heartbeats
glaring / afternoons
now
      faraway
            (I see you from here)

#4

to tell the future
while the
rugged landscape throbs

here
where my bare feet
lull
in the warmth of the earth

where memory is woven
from eternal clarity
(since childhood)

#5

procurar la memoria
desde el quicio del ventanal
con la luz de las rendijas / venciendo las sombras
con la tibieza
arraigada
a las horas
con todo el paisaje hacia adentro
en el abismo nuestro / de cada día

#6

apenas vuelves
y te sacudes
los miedos
entonces
sostengo
el vértice
donde la penumbra / se anuncia
donde la calle / se hace estrecha
y te nombro
(para saber, que no estamos solos).

#5

calling up memory
from the hinge on the windowsill
with light through the cracks / conquering shadows
with warmth
rooted
in the hours
with the whole landscape turned inward
on our daily / abyss

#6

you scarcely return
and you cast off
the fears
then
I hold
the vertex
where shadows / are announced
where the street / narrows
and I name you
(to know that we are not alone)

#7

este oficio de palabras / se encona
después de cada llovizna
cierro los ojos
y aún así / no me sirve
pues
claustrofóbica
veo ventanas / por todas partes
(por si la huida)

#8

dejo abiertas las rendijas
(por si la luz)
quieta
atrapada en la infancia
con los recuerdos / aún tibios
en el sillón de todas las tardes
donde se sientan intactas
las nostalgias

#7

this ritual of words / festers
after each drizzle
I close my eyes
and even that / doesn't help
because
I see windows / everywhere
claustrophobic
(as if taking flight)

#8

I leave the cracks open
(for light)
tranquil
trapped in infancy
with memories / still warm
in the evenings' armchair
where nostalgias sit
undisturbed

#9

me reconcilio
desde la simplicidad de los rincones
desde el gesto mínimo
desde la euforia
(contenida en el aire)
desde la impoluta nocturnidad
donde todo está por ser

#10

el silencio rasga las orillas
ahí
donde el tiempo se aproxima
a un lado
dilapidando
la opacidad de las horas
azarosa
se pavonea
en pleno despertar

#9

I have come to terms
with the simplicity of corners
with the minimal gesture
with euphoria
(filling the air)
with the unpolluted evening hours
where everything is yet to be

#10

silence shreds the shores
there
where time is approaching
from one side
squandering
the opaqueness of the hours
treacherous
it struts
wide awake

#11

bajo los cimientos férreos
desemboca la taciturnidad
entre horas sentenciadas al olvido
ya no es posible / algún destino
hazte sombra
cruje calladamente
como quien nada espera

#12

a mediodía
con tan poco en la memoria
uno
no sabe / se acerca
pupilas calle adentro
cualquier paraje es bueno
para dejar la huella
ahí
donde la calma se posa
(donde nunca envejece)
sobre las mismas horas

#11

under the iron foundations
reticence flows
among hours sentenced to oblivion
some destinies / are no longer possible
create shade
crunch quietly
like one who expects nothing

#12

at noon
with so little in memory
you
never know / your eyes
approach quiet inside
any place is good
to leave the clue
there
where calm settles
(and never ages)
at the same times

#13

me inventé una casa
con la tierra encima
cuesta regresar
de sus rincones
de su rostro
(que nombra y convoca)
casa remota
donde suenan las tardes
desnudas
con el deseo
carcomiéndose
por dentro
así
   me inventé una casa

#14

era
monotonía
muchacha
de manos rotas
sobre un extremo / de la noche
se quedó
tapiada entre las horas
ni un sólo latido
ni un sólo quejido
que la delate
era algo así
(como un poco
de mí)

#13

I invented a house for myself
with earth above
it's difficult to return
from its corners
from its face
(which names and invokes)
a remote house
where naked afternoons
resound
with desire
to idle away
inside
that's how
   I invented a house for myself

#14

it was
monotony
girl
with the broken hands
on one end / of the night
she stayed
walled up between the hours
not one heartbeat
not one whimper
to betray her
it was something like that
(like a little bit
of me)

#15

lugar de siempre / por las tardes
me aferro
deshilachando
cabellos / y otros tiempos
ya no hay pájaros en la ventana
(sólo yo)
aún trinando
la
honda melancolía

#16

ancha
aguardo en silencio
he sido
ritual de mediodía
mientras ocurre / el suicidio de las horas
y se transfiguran los miedos
ahora
como entonces
sostengo el aire
y me abandono
desnuda / sin armadura
al leve temblor
de
un
pensamiento

#15

same place as always / in the afternoon
I persist
in untangling
curls / and old times
there are no birds in the window any more
(just me)
still warbling
my
deep melancholy

#16

smug
I keep silence
I have been
the ritual of noon
while the suicide of the hours / takes place
and fears are transformed
now
as then
I hold my breath
and I let go
naked / unprotected
at the slight tremor
of
a
thought

#17

atravesar las horas
sin el ruido cotidiano
ver más allá / contemplarse
a distancia
con la imprudencia / de la infancia
con los sueños intactos
la cara limpia
(burlándose de los espantos)

#18

qué hacer / si no hay ciudades
tumultuosas
presuntuosas
(sino
esta ancha calma)
sin asuntos / ni sustos
sin el recelo de transeúntes
que desborden
las orillas de las calles
tan ajena
tan lejana
envuelta
en la simplicidad
y la franqueza
de las horas
qué hacer / si no hay ciudades...

#17

to move through the hours
without the daily noise
to see beyond / to contemplate
at a distance
with the imprudence / of childhood
with dreams intact
an innocent face
(making fun of frights)

#18

what to do / if there are no cities
tumultuous
presumptuous
(but rather
this broad calmness)
without affairs / or fears
without the suspicion of bystanders
that overflow
the shores of the streets
so foreign
so distant
wrapped
in the simplicity
and the frankness
of the hours
what to do / if there are no cities...

#19

cualquier acera es buena
para beberse las nubes
con la desnudez de la memoria
dejarse ir
desprenderse
evocar
la traslucida
casa que se és / desde lo atemporal
con la pura voz
donde menguan los días

#20

al ras de las horas
ni una palabra de más
fiel difunta
entre las noches
sin altisonancias
y la indiferencia tatuada
en el rostro
(a salvo)
del acecho de tu sombra

#19

any sidewalk is good
for drinking up clouds
with the nakedness of memory
let go
detach
recall
the translucent
house which is / outside of time
where days diminish
with a pure voice

#20

level with the hours
not one more word
faithful departed
between nights
without haughtiness
and indifference tattooed
on my face
(safe)
from your stalking shadow

#21

asómate
son otras las horas
hay un punto
(sin hábitos de lluvia)
tiempo ajeno / a la costumbre
llamaradas desde el vacío
vapores de incienso
procesión de palabras / por dentro

#22

volver
desde la agonía del desamparo
mientras se rasgan las dudas
en el desarraigo infinito
(que circunda en los ojos)
al otro lado
memoria clandestina
guardándome de la borrasca

#21

show up
the hours are different
there is a point
(without habits of rain)
alien time / to the usual
flares from nothing
vapors of incense
procession of words / within

#22

returning
from the agony of helplessness
while doubts are torn
in the endless uprooting
(that whirls in the eyes)
on the other side
illegal memory
protecting me from the storm

#23

con la desnudez
aún áspera
sin máscara / al filo
dejo que copules como pájaro
sobre mi espalda
cedo
(ya no me rasgo las vestiduras)
hemos vencido las horas yertas

#24

apenas es la víspera
(de tus manos)
se amansan las aguas
y el deseo asalta
escupes el borde
vuelves hecho olfato
escudriñas
donde se confinan la horas
donde se hace líquida / la urgencia

#23

naked
even rough
without mask / on the edge
I let you couple like a bird
on my back
I give in
(I no longer shred my garments)
we have conquered the stiff hours

#24

it is scarcely evening
(from your hands)
the waters are tamed
and desire seizes
you spit over the rim
you return as smell
you investigate
where hours are confined
where urgency / becomes liquid

#25

se deshacen las horas
vuelvo sobre mi memoria
tras las espesura de tu aliento
se columpia mi boca
recóndita
entre el velo de la lujuria
donde pecaminosa
muerdo la noche
(mientras me observo)

#26

plena
desciendo
desde el sosiego
desde el cortejo del agua
(ya no fría, ni de mármol)
mientras el bosque / se embelesa
enmudecido
y las horas tartamudean
sutilmente / su inconformidad

#25

the hours come undone
I recall memories
after the thickness of your breath
my mouth swings
hidden
within the veil of lust
where I bite
the evening sinfully
(while I watch myself)

#26

full
I descend
from the calm
from the courtship of water
(no longer cold, nor of marble)
while the forest / enchants
mute
and the hours subtly
stutter / their dissent

#27

al otro lado
suenan las horas
desde el crujir del viento
(donde, todos los árboles se parecen)
tras un largo susurro
naufrago
con mi soledad desnuda
aquí
donde el eco de tu voz / no llega

#28

he seguido fielmente
el ritual
del suicidio emocional
y aún así
me tiemblan las manos
(para jalar el gatillo)
mi ropaje
(o lo que queda de él)
cuelga diminuto
al final de las sombras
al borde
tras las últimas horas
inmersa
en la más honda oscuridad
me debato
entre la vida
y la muerte
(del poema)

#27

on the other side
the hours ring
from the rattling of the wind
(where all the trees look alike)
after a long rustling
I'm stranded
with my naked loneliness
here
where the echo of your voice / does not reach

#28

I have faithfully followed
the ritual
of emotional suicide
and even so
my hands tremble
(at pulling the trigger)
my clothes
(or what's left of them)
hang diminutive
at the end of shadows
on the edge
after the last hours
immersed
in deep obscurity
I argue with myself
between the life
and death
(of the poem)

#29

cuando llueves
me dejo empapar
como un acto de bienvenida
(a tus manos)
que hacen fiesta
y con su voz ronca
se precipitan por mis bordes
sin urgencias / sin miserias
deshilachando
las más hondas y antiguas
melancolías

#30

callada
simulo serenidad
me desnuda / me observa
(un leve temblor me delata)
presto a libar mis fluidos
me intuye
palpa las oscuras sombras
que me preceden
vasto
intenta calmar
el decadente / sopor de las horas

#29

when you rain
I let myself get soaked
as an act of welcome
(for your hands)
that make me festive
and fill me to the brim
with your hoarse voice
without urgency / without misery
threadbare
the deepest and most ancient
melancholy

#30

silent
I simulate serenity
he undresses me / observes me
(a slight breeze betrays me)
ready to sip my fluids
he knows me by intuition
he feels the dark shadows
that precede me
vast
he tries to calm
the decadent / drowsiness of the hours

#31

despertar
sin hoguera
sin memoria
sin calendario
así
altísima
(sobre la misma piedra)
ensimismada
sin la ansiedad / de las horas

#32

de nuevo
(desando las horas)
la misma calle / el mismo olor
las mismas texturas
descalza
como quien nunca
dejó la niñez
bajo el mismo cielo
(siguen siendo
        las mismas manos)
inmensas
juguetonas
dulcemente
        serenas

#31

waking up
without hearth
without memory
without a calendar
so
high
(above the same stone)
absorbed
without the anxiety / of time

#32

once again
(wishing for time)
the same street / the same smells
the same textures
barefoot
like someone who never
left childhood
under the same sky
(still
        the same hands)
immense
playful
sweetly
        serene

#33

no he dejado el mar
aún huelo a salitre
veo peces / que me circundan
(aún cuando un viejo gato
me acompaña),
este mar
tempestuoso / tan denso
retrocede / se oye / me arrulla
se queda
sin dar tregua
palpitante
con sus brumas
acomodándose / a mis costados

#34

dejarse ver
tras la precariedad / de las horas
apenas
perceptible
en la desnudez del paisaje
con las grietas del suelo
carcomiéndose
los pocos augurios / ésos
que quedan
aquí
donde nada reverdece

#33

I have not left the sea
I still smell of salt
I see fish / surrounding me
(even when an old cat
goes with me)
this stormy
sea / so dense
rolls back / roars / lulls me
goes on
without ceasing
pounding
with its mists
settling / beside me

#34

to stop seeing
after the desperation / of the hours
barely
perceptible
in the naked landscape
soil with cracks
riddled with
few predictions / those
that remain
here
where nothing green grows

#35

permanecer callada
lejos de los acantilados
con las huellas del tiempo
(entre las grietas)
profunda
entre las telarañas
que destejen las horas
debajo
donde se hunden
cimientos
y otras dudas

#36

cuando vuelves
un sencillo arrullo
en el desparpajo de las horas
(todo lo nuestro
se queda ahí)
en la quietud / de los ojos
en la respiración contenida
donde nada más cabe
es otro el paisaje
desde la ciudad callada / de tu boca

#35

being still
away from the cliffs
with the traces of time
(between the cracks)
deep
among the cobwebs
that unravel the hours
down below
where foundations
and other questions
sink

#36

when you return
a simple lullaby
in the ease of the hours
(all that is ours
remains there)
in the quietude / of the eyes
in the held breath
where nothing more fits
the scenery is different
from the quiet city / of your mouth

#37

mi casa / se muda con los vientos
(otros territorios
no han sido posibles)
no sé cómo
pero aún
la mínima fisura
es un recuerdo
y tanta calle / no redime los pasos
mi casa / busca espacios
procura el olvido
mi casa / se muda con los vientos

#38

mínima
con la sed / que ahoga
salto desde las palabras
hacia lo imaginario
sitio sin retorno
abismo / donde las imágenes golpean
donde el olvido se pronuncia
bajo el fragor del agua

#37

my house / moves with the winds
(other territories
have not been possible)
I don't know how
but even
the smallest crack
is a memory
and so much street / can't redeem the steps
my house / seeks spaces
attempts oblivion
my house / changes address with the winds

#38

so low
with a thirst / that strangles
I jump from words
toward the imaginary
a place without return
an abyss / where images collide
where the forgotten is spoken
under the crash of the water

#39

textura / de viejos árboles
la misma piel
roída voz
que no alcanza / tu nombre
parpadeando
entre el vapor / de las horas
(en alguna parte,
se deja caer
el desasosiego de los bosques)

#40

beberse la distancia
persistir con los dedos
sobre los bordes abismales de su piel
alojarse en los límites
donde no proscribe / la memoria
aquí
en las vastedad de las horas
sobre los bordes abismales de su ser

#39

texture / of old trees
the same skin
gnawed voice
that does not reach / your name
blinking
between the steam / of the hours
(somewhere
the uneasy feeling of forests
falls)

#40

the distance is drunk
hanging on with its fingers
to the abysmal edges of its skin
lodging within limits
where memory is not / outlawed
here
in the immensity of the hours
on the abysmal edges of its being

#41

despejar los cristales
sacudirse los miedos
desde esta soledad / traslúcida
instancia de escombros
donde la usura
alcanza las horas bajas/ y viejos tejados
ahí / donde no encaja tu nombre
y tanta letanía / se pierde
en el candor / de amanecidos ventanales

#42

secas el hastío al sol
en la holgura de la brisa
susurras leve
con la hojarasca / bajo los pies
lugar inédito
donde cópulas / silenciosamente
con las horas

#41

clearing the crystals
shaking off fears
from this translucent / loneliness
instance of debris
where usury
reaches a new low / and old tiled roofs
there / where your name does not fit
and so much litany / is lost
in the innocence / of windows filled with dawn

#42

you dry weariness in the sun
in the spaciousness of the breeze
you whisper lightly
with the fallen leaves / underfoot
unpublished place
where you merge / silently
with the hours

#43

volátil
a veces furtiva
es borde
(lo sabe)
sin embargo / es toda sentido
se abandona / sin mesura
se ofrece
hendida
en el deseo de las horas

#44

balbucear soledades
desde la resurrección de la luz
donde las horas duelen
bajo la claridad de un instante
temblor de un olvido
(que nunca llega)
se queda en el recodo
justo ahí
donde se marchitan los vientos

#43

volatile
sometimes furtive
an edge
(it knows)
still / in every sense
it gives in / without restraint
offers itself
split
in the desire of the hours

#44

babbling solitudes
from the resurrection of the light
where the hours hurt
beneath the clarity of an instant
tremor of forgetfulness
(that never arrives)
stays in the bend
right there
where the winds wither

#45

taciturna / con la casa por dentro
con la lejanía en los párpados
consumando el insomnio
desde la mansedumbre
de los dedos
rezando toda humedad
desde la sutil peregrinación
de las horas

#46

/

Para: E

regresas a mi / constato tu sombra
(no es espejismo)
transitas mis horas
lujuriosamente tierno
entre mis manos
y
el poema

#45

sullen / the house inside
with distance on the eyelids
completing the insomnia
from the gentleness
of the fingers
praying all the dampness
from the subtle pilgrimage
of the hours

#46

you return to me / I note your shadow
(it's not an illusion)
you move across my hours
lustfully tender
between my hands
and
the poem

#47

aquí / llega la humedad
y se rinde
en la anatomía porosa
del desvelo
sumida
en la orfandad de las horas
mientras
la incertidumbre
acecha
husmea
se empoza
en la frágil frontera
de un instante

#48

a veces / uno va
en la procesión de turno
con la nostalgia en hombros
¿quién sabe a dónde?
con el alma en vilo
y la palabra rota
a veces / uno va
(solo por costumbre)
y se tropieza
a la misma hora
con la misma espina
(o con la misma piedra)

#47

the moisture arrives / here
and it surrenders
to the porous anatomy
of sleeplessness
submerged
in the helplessness of the hours
while
uncertainty
lurks
sniffs
puddles
on the fragile border
of a moment

#48

sometimes / you
take your turn in the procession
with nostalgia on your shoulders
who knows where?
with your soul in suspense
and the word broken
sometimes / you go
(only out of habit)
and you stumble
at the same time
with the same thorn
(or with the same stone)

#49

(esquiva
busco deshacerte)
aún germinas
desde tu tallo / denso
en la irracionalidad de las horas
en el desvarío del sueño
te filtras
sin gestos grandilocuentes
penetras /transgredes
sin más,
la mudez
de mi cuerpo

#50

almidonada / tu blanca espuma
intacta en mis ojos
se queda
y florece / desparramada
al va y ven
de las horas bajas
cuando arrecia / despiadada
la imprudente
madrugada

#49

(elusive
I look for a way to undo you)
you still germinate
from your stem / dense
in the irrationality of the hours
in the delirium of dream
you trickle
without grand gestures
you penetrate / transgress
without much ado,
the muteness
of my body

#50

crisp / your white foam
remains intact
in my eyes
and blooms / scattered
with the coming and going
of the early hours
and gets stronger
when careless / heartless
dawn arrives

#51

se difumina el paisaje
sin nombrar tierra
con el aire en silencio
próximo / a la costumbre
desde la vicisitud de las sombras
en el ocaso
donde se amansan / las horas
(mejor aún)
donde tus manos / se asoman

#52

he sido / en algún lugar
ahora
solo mis pies / mis piernas
inertes, en tus ojos
como si quisieran irse
pero se quedan / al ras de la calle
sin voluntad
acostumbrándose / inmersas
en el silencio de las horas

#51

the landscape fades away
without naming the ground
with the air in silence
next / to the usual
from the mishap of the shadows
in the west
where the hours / are tamed
(better still)
where your hands appear

#52

I have been / some place
now
only my feet / my legs
inert, in your eyes
as if they wanted to leave
but they stay / flush with the street
unwillingly
getting settled / immersed
in the silence of the hours

#53

no tuve alas / no fui pájaro
fui mujer / y tuve pechos
me imaginé
bajo la sombra ajada
de tarantines
sin voz / sin trinos
despojándome
del peso de las horas
sobre la piel

#54

debajo de la ventana
pernoctas
íntimo
hilvanando el paisaje
(buen árbol)
sondeas la noche
regodeándote
en el instante profundo
donde confluyen
la memoria y las horas

#53

I had no wings / I was not a bird
I was a woman / and I had breasts
I imagined myself
beneath the withered shade
of the arbors
without voice / without warble
stripping away
the weight of the hours
on my skin

#54

you spend the night
under the window
close friend
piecing together the landscape
(good tree)
you explore the night
gloating
in the deep moment
where memory and the hours
come together

#55

detenerse
en la pausa necesaria
sin la precariedad / de otras voces
sin la desgastada soledad
sin abrazar tejados
entre el rocío
y el crujir de las horas
hurgar / sin artilugios
(aún, presa del hastío)

#56

cierta orfandad
un minucioso silencio
que se queja / sin estridencias
hundiéndose
en el destierro de las horas
aún
(con el cerrojo por dentro)

#55

to stop
in the necessary pause
without the instability / of other voices
without the worn-out loneliness
without embracing roofs
between the dew
and the rustling of the hours
poking / without gadgets
(still, the prey of boredom)

#56

a certain orphan feeling
a meticulous silence
that complains / without
sinking
into the exile of the hours
even
(bolted from within)

#57

me asomo
desde el sosiego
desde la niebla
mientras
se acerca
el tibio tacto
de tus horas
aquí
donde los gorriones trinan
donde se toca el cielo
bajo la gótica catedral
de tus manos

#58

lo amado / se diluye
vencen las sombras
en la hora incierta
tus ojos / ese mar tempestuoso
al filo de la degrade
donde quizás
hube de ser llovizna
o breve
metáfora de olvido

#57

I appear
from the calm
from the fog
as
it approaches
the warm touch
of your hours
here
where sparrows sing
where you touch the sky
under the Gothic cathedral
of your hands

#58

the beloved / dissolving
the shadows are overcome
in the uncertain hour
your eyes / that stormy sea
at the edge of degradation
where perhaps
I had to be a mist
or a brief
metaphor of oblivion

#59

con la palabra al sol
(tendidos, al compás de las horas)
con la luz despejando la piel
tu con tu textura de resina
yo con mi vocación de aire
y el futuro / ahí, silbándonos
desde la profundidad infinita
del vientre de los árboles

#60

voz calma
antigua ciudad / donde no giran las horas
en la quietud / del paisaje
soy otra
sin el afán
(del cuento y las zapatillas)
nadie conoce, los pasos más íntimos
ni la palabra menguada
ni el sueño mustio
donde se ampara mi voz

#59

with the word in the sun
(hanging there, keeping time with the hours)
with light clearing the skin
you with your texture of resin
me with my vocation of air
and the future / there, whistling to us
from the infinite depth
of the belly of the trees

#60

calm voice
ancient city / where the hours don't spin
in the stillness / of the landscape
I am someone else
without the yearning
(of the story and the slippers)
no one knows the most intimate steps
not even the wretched word
not even the faded dream
where my voice seeks shelter

Sobre los Autores

Amanda Reverón poeta, narradora y fotógrafa Venezolana. Reside desde hace varios años en La Victoria, Aragua. Promotora cultural, investigadora y tallerista. Ha publicado: *De La Noche A Tus Ojos* (2004). *De Otros Diluvios* (2007). *Rumor De Barcos* (2010, FUNDARTE). *La Casa Que Soy* (2012, Proyecto Expresiones). *Ojos De Exilio* (2013, Proyecto Expresiones). *El Mágico Mundo De Alejandro* (2013, Proyecto Expresiones). Su obra aparece en *Las Chicas Van Al Baile, Antología De 40 Poetisas Venezolanas*, Compilación y prólogo de Rey D'Linares, publicado por Editorial Maribelina, Lima Perú, a través de la Casa del Poeta Peruano y en la Antología *Los Poetas Le Cantan A Martí* de Rey D'Linares (SUReditores) Venezuela.

Don Cellini es profesor y traductor, poeta y fotógrafo. Es autor de cinco libros de poemas, últimamente *Stone Poems* (2016, FootHills Publishing.) También ha publicado libros de traducciones de varios poetas mexicanos que incluyen Roxana Elvridge-Thomas, Elías Nandino, Ingrid Valencia y Sergio Téllez-Pon. Actualmente es redactor de traducciones en la revista *The Ofi Press: Poesía y Ficción Internacional de México, DF.* Se ve su obra en *www.doncellini.com.*

ABOUT THE AUTHORS

Amanda Reverón is a Venezuelan writer and photographer. She is employed by the Ministerio del Poder Popular para la Cultura. In addition to *El silencio de las horas*, the poet has published several books of poetry: *De La Noche A Tus Ojos* (2004), *De Otros Diluvios* (2007), *Rumor De Barcos* (2010, FUNDARTE), *La Casa Que Soy* (2012, Proyecto Expresiones), *Ojos De Exilio* (2013, Proyecto Expresiones), *El Mágico Mundo De Alejandro* (2013, Proyecto Expresiones). Her work appears in *Las Chicas Van Al Baile, Antología De 40 Poetisas Venezolanas/Compilación* with prologue by Rey D'Linares (Editorial Maribelina, Lima Perú, Casa del Poeta Peruano) and in the anthology *Los Poetas Le Cantan A Martí* by Rey D'Linares (SUReditores) Venezuela.

Don Cellini is a teacher and translator, a poet and photographer. He is the author of five collections of poetry, most recently *Stone Poems* (2016, FootHills Publishing). He has published book-length translations by several Mexican poets including Roxana Elvridge-Thomas, Elías Nandino, Sergio Téllez-Pon, and Ingrid Valencia. Cellini is the translation editor for *The Ofi Press Ezine* which features international poetry and fiction from Mexico City. More of his work is available at *www.doncellini.com*.

OTHER RECENT TITLES FROM MAYAPPLE PRESS:

Toni Mergentime Levi, *White Food*, 2016
    Paper, 82pp, $15.95 plus s&h
    ISBN 978-936419-65-4
Allison Joseph, *Mercurial*, 2016
    Paper, 42pp, $14.95 plus s&h
    ISBN 978-936419-64-7
Jean Nordhaus, *Memos from the Broken World*, 2016
    Paper, 80pp, $15.95 plus s&h
    ISBN 978-936419-56-2
Doris Ferleger, *Leavened*, 2015
    Paper, 64pp, $15.95 plus s&h
    ISBN 978-936419-47-0
Helen Ruggieri, *The Kingdom Where No One Keeps Time*, 2015
    Paper, 80pp, $15.95 plus s&h
    ISBN 978-936419-55-5
Jan Bottiglieri, *Alloy*, 2015
    Paper, 82pp, $15.95 plus s&h
    ISBN 978-936419-52-4
Kita Shantiris, *What Snakes Want*, 2015
    Paper, 74pp, $15.95 plus s&h
    ISBN 978-936419-51-7
Devon Moore, *Apology from a Girl Who Is Told She Is Going to Hell*, 2015
    Paper, 84pp, $15.95 plus s&h
    ISBN 978-1-936419-54-8
Sara Kay Rupnik, *Women Longing to Fly*, 2015
    Paper, 102pp, $15.95 plus s&h
    ISBN 978-1-936419-50-0
Jeannine Hall Gailey, *The Robot Scientist's Daughter*, 2015
    Paper, 84pp, $15.95 plus s&h
    ISBN 978-936419-42-5
Jessica Goodfellow, *Mendeleev's Mandala*, 2015
    Paper, 106pp, $15.95 plus s&h
    ISBN 978-936419-49-4
Sarah Carson, *Buick City*, 2015
    Paper, 68pp, $14.95 plus s&h
    ISBN 978-936419-48-7

For a complete catalog of Mayapple Press publications, please visit our website at *www.mayapplepress.com*. Books can be ordered direct from our website with secure on-line payment using PayPal, or by mail (check or money order). Or order through your local bookseller.